SCHÖNES MAGDEBURG
Eine Reise in Bildern mit Hans-Joachim Krenzke

agdeburgs Geschichte hebt mit dem kräftigen Signal einer römischen Feldfanfare an. Denn die Gründung der Siedlung am großen Elbknick soll auf Julius Cäsar zurückgehen. Da er das Anwesen der auf Jungfräulichkeit bedachten Göttin der Jagd, Diana, geweiht hatte, sprachen die Schriftgelehrten von Parthenopolis - Jungfrauenstadt. Dieser Gründungsgeschichte begegnet die Wissenschaft zwar mit Skepsis, doch ist noch heute eine Jungfrau im Stadtwappen zu sehen. Urkundlich erwähnt ward die Siedlung an der Elbfurt erstmals 805 in einem zu Diedenhofen erlassenen Gesetz Karls des Großen. Der Kaiser bestimmte darin Magadoburg zum Handelsplatz mit den Ostvölkern. Im Jahre 929 erhielt die englische Prinzessin Editha jene Siedlung samt Kastell von ihrem Gemahl, Otto I., zur Morgengabe. Und damit nahm der Aufstieg des Handelsfleckens zur Kaiserpfalz seinen Anfang. Während einer Reichsversammlung wurde am 21. September 937 das Benediktinerkloster St. Mauritius gegründet. Dessen Abteikirche avancierte zum Dom, als Otto I. 968 das Erzbistum Magdeburg aus der Taufe hob.

L'histoire de Magdebourg débute par le signal éclatant d'une trompette de cavalerie romaine. Car on dit que la fondation de cette cité située sur le grand coude de l'Elbe remonte à Jules César. Celui-ci ayant dédié la localité à Diane déesse de la chasse, soucieuse de sa virginité, les scribes l'appelaient Parthenopolis – Ville des vierges. Il est vrai que la science regarde cette histoire de fondation avec du scepticisme, mais de nos jours encore, on trouve une vierge dans les armes de la ville. En 805, la cité sur le gué de l'Elbe est mentionnée pour la première fois dans un acte, à savoir, dans une loi de Charlemagne promulguée à Thionville. Dans cette loi, l'Empereur désigne Magadoburg pour être le centre du commerce avec les peuples de l'Est. En 929, la pricesse anglaise Editha reçut des mains de son mari Otton Ier cette cité munie d'un château-fort, comme cadeau de noces. Et c'est en ce moment que commença la montée de la bourgade au rang d'une résidence impériale. Le 21. 9. 937, au cours d'une assemblée impériale, fut fondé le monastère bénédictin de St. Mauritius. L'église de cette abbaye devint cathédrale, lorsqu'en 968, Otton Ier institua l'archevêché de Magdebourg.

Magdeburg's history commences with the strong signal of a Roman field fanfare. For the foundation of the settlement at the large bend of the Elbe is said to go back to Julius Cesar. As he had consecrated the settlement to the goddess of hunting – Diana – who was mindful of her virginity, the scribes spoke of „Parthenopolis" – town of virgins. The scientific world is sceptical about this foundation history, but a virgin can still be seen in the town's coat of arms. The first written record of the settlement at the ford of the Elbe is dated 805, in a law promulgated by Charles the Great in Diedenhofen. In this law the emperor determined Magadoburg to be the commercial centre for trade with the Eastern countries. In 929 the English princess Editha received the settlement including the castellum as a morning gift from her husband Otto I. . This marked the beginning of the advancement of the trading place into an imperial town. The Benedictine monastery St. Mauritius was founded on September 21st, 937, during an imperial assembly, the abbey church of which became a cathedral when Otto I. founded the Archbishopric of Magdeburg in 968.

Dieses Gemeinwesen gedieh alsbald zu solchem Ruhm, daß es in allen Richtungen der Windrose gepriesen ward. In besagtem Territorium verfaßte Eike von Repgow den „Sachsenspiegel", jenes Maßstäbe setzende Rechtsbuch, welches bis weit nach Rußland hinein von Richtern zu Rate gezogen worden ist. Und an der Domschule erlangte manch spätere Berühmtheit ihre Ausbildung. So der Chronist Thietmar von Merseburg und der erste Bischof von Prag, der Hl. Adalbert.

Da der romanische Dom 1207 einem Großfeuer anheimgefallen war, entstand in Magdeburg der erste gotische Dom Deutschlands. Nachdem dieser 1363 seine Weihe erfahren hatte, läuteten 1377 sämtliche Glocken, um Kaiser Karl IV. willkommen zu heißen. Aber nicht die von ihm begründete Bildungsstätte in Prag – die erste Universität Deutschlands – wurde für die Magdeburger zum Maßstab künftiger Entscheidungen, sondern das Städtchen Wittenberg. Eben dort faßte Martin Luther die ihn bedrängenden Fragen zu jenen Thesen zusammen, welche die Alte Welt aus den Angeln heben sollten.

Cette communauté arriva aussitôt à une telle splendeur que l'on entendait chanter sa gloire de toutes les directions de la rose des vents. C'est dans ledit territoire que Eike von Repgow rédigea le „Sachsenspiegel", ce recueil de droits coutumiers normatifs, consulté par des juges jusque dans les régions lointaines de la Russie. Et l'école de la cathédrale forma plus d'une des futures célébrités, telles que le chroniqueur Thietmar von Merseburg et St. Adalbert premier évêque de Prague. La cathédrale romane ayant été détruite par un grand incendie éclaté en 1207, on créa à Magdebourg la première cathédrale gothique d'Allemagne. Après la consécration de celle-ci, célébrée en 1363, toutes les cloches retentirent en 1377, pour souhaiter la bienvenue à l'Empereur Charles V. Mais ce n'est pas le centre de formation créé par lui à Prague – la première université d'Allemagne – qui orientera les Magdebourgeois dans leurs décisions futures, mais la petite ville de Wittenberg. C'est là que Martin Luther résuma les questions qui le tourmentaient, dans ces thèses qui devaient faire sortir le vieux monde de ses gonds.

This community soon won so much fame that it was praised in all directions of the compass rose. In the said area, Eike von Repgow wrote the „Sachsenspiegel", the code of law that set new standards and was consulted by judges far into Russia. Quite a few people that were to become famous later received their education at the cathedral school, such as the chronicler Thietmar von Merseburg and the first bishop of Prague, Saint Adalbert.
As the Roman cathedral was destroyed by a large fire in 1207, the first Gothic cathedral of Germany was built in Magdeburg. After it had been consecrated in 1363, all the bells rang in 1377 to welcome Emperor Charles IV. It was, however, not the educational institution founded by him in Prague – the first university of Germany – that became the criterion for future decisions for the people living in Magdeburg, but the small town of Wittenberg. There, Martin Luther summarized the questions that he had been con-cerned about in those theses that were to upset the Old World.

3

Nachdem der Reformator 1524 auch in der Magdeburger Johanniskirche gepredigt hatte, wandelte sich die Elbestadt in eine protestantische Hochburg. Die Magdeburger gehörten ebenfalls zu den ersten, die sich dem Schmalkaldischen Bund anschlossen, um der Politik Kaiser Karls V. Paroli bieten zu können.

Im Verlaufe der Auseinandersetzungen ward Magdeburg zum Zentrum der Reformation und erwarb sich den ehrenvollen Beinamen „Unseres Herrgotts Kanzlei ".

Doch der Kelch der Bitternis, welcher 1550/51 gerade noch an den Einwohnern vorüber gegangen war, mußte wenig später bis auf den Grund geleert werden. Nachdem der gefürchtete Generalissimus Wallenstein 1626 unverrichteter Dinge hatte weiterziehen müssen, gelang es am 10. Mai 1631 seinem Nachfolger – dem kaiserlichen Heerführer Tilly –, die Festung Magdeburg zu stürmen. Im Bericht über die „Magdeburger Bluthochzeit", da die Jungfrau des Stadtwappens mit dem Tod vermählt ward, hieß es, daß die Elbe von Leichen verstopft war. Noch in Schillers „Geschichte des Dreißigjährigen Krieges" findet sich Tillys Ausspruch, „daß seit Trojas und Jerusalems Zerstörung kein solcher Sieg gesehen worden sei".

Après qu'en 1524, le Réformateur avait prêché aussi dans la Johanniskirche, la ville sur l'Elbe se transforma en citadelle du protestantisme. Les Magdebourgeois furent également des premiers à se joindre à la Fédération de Schmalkalden, pour faire face à la politique de l'Empereur Charles V.

Au cours de ces conflits, Magdebourg devint le centre de la Réforme et obtint le surnom honorable de la „chancellerie de Notre Seigneur". Mais le calice d'amertume qui, en 1550/51, était encore passé sans qu'ils le boivent, les habitants de Magdebourg ont dû le boire jusqu'à la lie peu de temps après.

Après qu'en 1626, le généralissime Wallenstein avait dû s'en retourner comme il était venu, c'est Tilly son successeur – commandant de l'armée impériale – qui, le 10 mai 1631, réussit à assaillir la forteresse de Magdebourg. Dans le rapport sur le massacre de Magdebourg appelé „Magdeburger Bluthochzeit", où la vierge des armes de la ville fut mariée avec la mort, on lit que l'Elbe était bouchée de cadavres. Même dans „L'Histoire de la guerre de Trente Ans" de Schiller, on trouve citées encore les paroles de Tilly disant „que depuis la destruction de Troie et de Jérusalem, on n'avait jamais vu de telle victoire".

After the Reformer had also preached in St. John's Church in Magdeburg in 1524, the town on the Elbe developed into a Protestant stronghold. In the course of confrontations, Magdeburg became the centre of the Reformation and gained the honourable epithet „Chancellery of our God".

But the bitter cup which the inhabitants had just been spared in 1550/51, had to be drained to the dregs a short time later.

After the dreaded generalissimo Wallenstein had to leave without having achieved anything in 1626, his suc-cessor – the imperial commander Tilly – succeeded in storming the fortress of Magdeburg on May 10th, 1631. It is said in the report of the „Magdeburg Massacre", where the virgin depicted in the town coat of arms is wed to death, that the Elbe was blocked by dead bodies. Tilly's remark „that such a victory has not been observed since Troy's and Jerusalem's destruction" can still be found in Schiller's „History of the Thirty Years' War".

Als der dreißig Jahre während Krieg 1648 in Westfalen für beendet erklärt wurde, Boten durch das Land ritten, um den Frieden zu verkünden, atmeten auch die wenigen Überlebenden Magdeburgs auf.

Lorsqu'en 1648, le traité de Westphalie mit fin à la guerre de Trente Ans et que des courriers montés traversèrent le pays pour proclamer la paix, les quelques survivants de Magdebourg, eux aussi, se sentaient soulagés.

When the end of the 30-year war was declared in Westphalia in 1648 and messengers rode across the maltreated country to announce peace, the few survivors in Magdeburg also heaved a sigh of relief. But the dream of their mayor, Otto

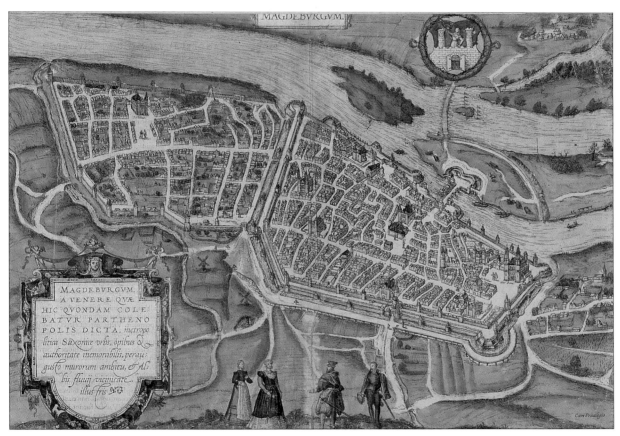

Stadtansicht von 1572

La ville en 1572

View of the town in the year 1572

Der Traum ihres Bürgermeisters, Otto von Guericke, Magdeburg mit den Privilegien einer freien Reichsstadt auszustatten, erfüllte sich nicht. Sein Versuch, mit den „Magdeburger Halbkugeln" anschaulich das Vakuum zu demonstrieren, erfreut sich dagegen anhaltender Popularität.

Otto von Guericke leur bourgmestre n'a pu réaliser son rêve de donner à Magdebourg les privilèges d'une ville libre impériale. Par contre, son expérience des „Hémisphères de Magdebourg", par laquelle il a fait la démonstration du vide, jouit d'une popularité permanent.

von Guericke, to vest Magdeburg with the privileges of a free imperial town did not come true. Even today, Guericke's experiment with the „Magdeburg semispherical balls" – in which proof of the vacuum is established in a descriptive manner – enjoys steady popularity.

Der Wiederaufbau der einst stolzen Hansestadt verlief zwar zögerlich, geriet letztendlich aber prachtvoll. Das galante Zeitalter hatte es überhaupt in sich. So erblickte Georg Philipp Telemann – neben Johann Sebastian Bach der bedeutendste Barockkomponist – 1681 in Magdeburg das Licht der Welt; Johann Friedrich Böttger – der Erfinder des Meißner Porzellans – verbrachte ab 1695 ebenda seine Kindheit und der hochgerühmte Medicus Johann Andreas Eisenbarth gab der Stadt die Ehre, indem er 1703 ihr Bürger wurde. Stippvisiten erteilten sogar Zar Peter der Große und Giacomo Casanova.

Hatten sich Magdeburgs Stadttore zu Zeiten der Reformation für die landauf, landab verfolgten Protestanten geöffnet, so fanden ab 1686 die aus Glaubensgründen verfolgten Hugenotten, Wallonen und Pfälzer hier ein neues Zuhause. Und in alten Chroniken ist zu lesen, daß mit den Fremden französische Lebensart Einzug in die Elbestadt hielt. Dies, obwohl Fürst Leopold von Anhalt-Dessau in den Jahren 1715 bis 1740 Magdeburg zur stärksten Festung Preußens werden ließ. Per Dekret überantwortete Napoleon 1807 Magdeburg dem neugegründeten Königreich Westfalen. Das nunmehr geltende Gesetzbuch – der Code Napoleon – verhieß bürgerliche Freiheiten.

La reconstruction de cette ville hanséatique si fière autrefois n'avançait, il est vrai, qu'à pas hésitants, mais après tout, elle réussit magnifiquement. De toute façon, l'époque galante abonde en richesses intellectuelles et culturelles. En 1681 par exemple, naquit à Magdebourg Georg Philipp Telemann, le compositeur du baroque le plus grand à côté de Johann Sebastian Bach; à partir de 1695, Johann Friedrich Böttger – l'inventeur le la porcelaine de Meißen – y passa son enfance, et en 1703, le très célèbre médecin Johann Andreas Eisenbarth fit à la ville l'honneur de devenir son citoyen. Même le tsar Pierre le Grand ainsi que Giacomo Casanova lui rendirent une visites éclair.

Si, pendant la Réforme, les portes de la ville de Magdebourg s'étaient ouvertes pour les protestants poursuivis dans le pays entier, c'est à partir de 1686 que les Huguenots, les Wallons et les habitants du Palatinat y trouvèrent une nouvelle patrie. Et dans les vieilles chroniques, on apprend qu'avec ces étrangers, le savoir-vivre français est entré dans la ville sur l'Elbe. Cela malgré le fait que pendant les années de 1715 à 1740, le prince Léopold von Anhalt-Dessau fit faire de Magdebourg la plus grande forteresse de la Prusse. C'est par un décret adopté en 1807 que Napoléon remit la ville de Magdebourg au Royaume de Westphalie. Le code désormais en viguer – le Code Napoléon – leur promettait des libertés civiles.

The reconstruction of the formerly proud Hanseatic Town proceeded slowly, but eventually turned out splendid. The chivalrous epoch should not be under-estimated anyway. Georg Philipp Telemann – the most important baroque composer besides Johann Sebastian Bach – first saw the light of day in Magdeburg in 1681; Johann Friedrich Boettger – the inventor of Dresden china – spent his childhood there as from 1695 and the highly praised medico Johann Andreas Eisenbarth did the town the honour of becoming its citizen in 1703. Even Czar Peter the Great and Giacomo Casanova dropped in.

Had Magdeburg's town-gates opened to the Protestants far and wide pursued at the time of Reformation, as from 1686 the Huguenots, Walloons and Palatines who were pursued for religious reasons found a new home there. One can read in old chronicles that, together with the newcomers, the French way of life made its appearance in the town on the Elbe although Prince Leopold von Anhalt-Dessau made Magdeburg the strongest fortress of Prussia over the years 1715 to 1740.

Napoleon put the newly-founded kingdom of Westphalia in charge of Magdeburg by decree in 1807. The then applicable code of law – the Code Napoleon – promised civil liberties.

Dennoch löste 1814 die Nachricht von der Kapitulation Bonapartes Freude aus, fand doch damit die Fremdherrschaft ihr Ende.

Im Zuge der Neuaufteilung Deutschlands, wurde Magdeburg 1816 Hauptstadt der „Provinz Sachsen" im Königreich Preußen.

In den folgenden Jahrzehnten erblühten Industrie, Kultur und Schulwesen gleichermaßen. Parks wurden angelegt, erste Dampfer liefen vom Stapel, Eisenbahnlinien nach Leipzig, Braunschweig, Halberstadt, Potsdam und Wittenberge entstanden. Magdeburg avancierte zur „Stadt der Mitte".

So läßt sich auch für diese Zeit an der Elbe ein Sträußchen mit prominenten Namen binden. Allen voran Magdeburgs dichtender Kriminalrichter Karl Leberecht Immermann, dem Heinrich Heine 1824 einen Besuch abstattete.

Währte das Treffen nur Tage, die Freundschaft beider hielt ihr Dichterleben lang. Als 1829 der Teufelsgeiger Niccolo Paganini aufspielte, ahnte niemand, daß ab 1834 Richard Wagner für fast zwei Jahre in Magdeburg den Takt vorgeben würde. Ja, daß eben hier des Komponisten Oper „Das Liebesverbot" ihre Uraufführung erlebte. Damit hatte sich zum ersten Mal überhaupt für eine Wagner-Oper der Bühnenvorhang gehoben.

Um die Jahrhundertwende zählte Magdeburg 229 667 Einwohner und war somit zur Großstadt herangewachsen.

Néanmoins, la nouvelle de la capitulation de Napoléon suscita la joie, puisque la domination étrangère était finie.

Dans le cadre de la réorganisation de l'Allemagne, en 1816, Magdebourg devint capitale de la „Province de Saxe", dans le Royaume de Prusse. Durant les décennies suivantes, il y eut un grand épanouissement industriel, culturel et scolaire. Des parcs furent créés, les premiers bateaux à vapeur furent mis à l'eau, les lignes de chemin de fer de Leipzig, Brunswick, Halberstadt, Potsdam et Wittenberge furent installées. Magdebourg devint „ville du centre".

Donc, cette époque nous offre, elle aussi, tout un bouquet de noms célèbres. Tout d'abord, il y a Karl Leberecht Immermann, ce juge pénal poète de Magdebourg, qui reçut la visite de Heinrich Heine, en 1824.

Leur rencontre ne dura que quelques jours, mais l'amitié de ces deux poètes subsista toute une vie. Lorsqu'en 1829, le violoniste vituose Niccolo Paganini ouait au théâtre de la ville, personne ne se doutait encore qu'en 1834, Richard Wagner viendrait à Magdebourg, pour y être chef d'orchestre pendant deux ans, et qu'on verrait ici la première représentation de son opéra „Das Liebesverbot". Voilà d'ailleurs la toute première fois que le rideau se leva pour un opéra de Wagner. Au tournant du siècle, Magdebourg, comptant alors 229 667 habitants, était devenue une ville importante.

Nevertheless, the announcement of Bonaparte's capitulation in 1814 evoked great joy as thereby the foreign rule came to an end.

In the course of Germany's redistribution Magdeburg became the capital of the „Province of Saxony" in the kingdom of Prussia in 1816.

In the following decades, industry, culture and education equally flourished. Parks were laid out, first steamers were launched, railway lines to Leipzig, Brunswick, Halberstadt, Potsdam and Wittenberge developed. Magdeburg advanced to the „Town of the Centre".

Thus, a bouquet of prominent names can be tied for this period on the Elbe as well. First and foremost, Magdeburg's criminal judge Karl Leberecht Immermann who wrote poetry and to whom Heinrich Heine paid a visit in 1824.

Although they met only for a few days, their friendship lasted all their lives. When the devil of a violinist Niccolo Paganini played in the theatre in 1829, nobody foresaw that, as from 1834, Richard Wagner would „beat time" in Magdeburg for almost two years and that even the first night performance of the composer's opera „Das Liebesverbot" took place there. This was the first time the curtain went up for an opera by Wagner at all. Around the turn of the century, Magdeburg had 229 667 inhabitants, thereby becoming a large city.

Ab 1921 verlieh der Architekt Bruno Taut dem Stadtbild eine völlig neue Dimension, indem er schlichte Hausfassaden in wahre Farbsinfonien verwandelte. Erhitzten sich ob deren Expressivität die Gemüter, so begegnete man der „Deutschen Theaterausstellung" 1927 mit offenen Sinnen.

A partir de 1921, l'architecte Bruno Traut a donné une dimension tout à fait nouvelle à la physionomie de la ville, en transformant la sobriété des façades de certains immeubles en véritables symphonies de couleurs. Si les esprits s'échauffèrent encore de l'expressivité de ces dernières, on acceuillera à cœur ouvert „l'Exposition allemande du Théâtre" de 1927.

As from 1921, the architect Bruno Taut gave the face of the town a completely new dimension by transforming simple building facades into veritable symphonies in colour. Whereas their expressivity caused quite a stir, the „German Theatre Exhibition" in 1927 was met with open minds.

Auf dem Alten Markt   Au vieux marchet

On the old market

Ihretwegen wurde auf der Elbinsel „Rotehorn" ein einzigartiges Ensemble des Neuen Bauwillens geschaffen. Stadthalle, Aussichtsturm und Pferdetor künden noch heute davon.

Mit Beginn der 30er Jahre blieb auch Magdeburg nicht von nationalsozialistischem Gedankengut verschont. Für Ernst Reuter, 1931 zum Stadtoberhaupt gewählt, folgten ab 1933 KZ und später die Emigration; Ernst Barlachs Ehrenmal für die Gefallenen des Ersten Weltkrieges verbannte man aus dem Dom; jüdische Geschäfte und die Synagoge wurden in der Reichskristallnacht demoliert.

Da wichtige Rüstungsbetriebe in der Stadt ansässig waren, steuerte die alliierte Luftflotte Magdeburg sechzigmal an. Und am 16.Januar 1945 sank bei einem Großangriff eine der schönsten Städte Deutschlands in Schutt und Asche.

Heute wird Magdeburgs Straßenbild hauptsächlich von Neubauten geprägt. Großzügig angelegte Grünflächen und zahlreiche Springbrunnen mildern deren strenge Sachlichkeit.

Der Dom, das Kloster Unser Lieben Frauen und einige Pfarrkirchen, die die Wirren der Geschichte überlebten, wurden restauriert. Sie verleihen der Landeshauptstadt Sachsen-Anhalts ihre unverwechselbare Silhouette.

C'est pour celle-ci qu'on créa, dans l'île „Rotehorn" située dans l'Elbe, un ensemble architectural du style „Neuer Bauwille", unique dans son genre. La „Stadthalle", le belvédère et le „Pferdetor" en témoignent encore de nos jours.

Au début des années trente, la ville de Magdebourg, elle non plus, ne resta pas à l'abris des idées nationales-socialistes. Pour Ernst Reuter, élu bourgmestre en 1931, il y aura le camp de concentration en 1933 et plus tard, l'émigration; le monument créé par Ernst Barlach en commémoration des morts de la Première guerre Mondiale fut éliminé de la cathédrale; des magazins juifs ainsi que la synagogue furent démolis dans la nuit appelée „Reichskristallnacht".

Comme il y avait des usines d'armement dans la ville, l'aviation alliée mit vingt fois le cap sur Magdebourg. Et le 16 janvier 1945, lors d'une grande attaque, l'une des plus belles villes fut réduite en cendres.

De nos jours, la physionomie des rues de Magdebourg est surtout formée par des bâtiment nouveaux, dont la sobriété sévère est adoucie par de larges espaces verts, des arbres, des massifs de fleurs et de nombreuses fontaines jaillissantes.

La cathédrale, le monastère et quelques églises paroissiales, qui ont survécu aux troubles de la Guerre, ont été restaurés. Ils donnent à la ville devenue capitale du Land Saxe-Anhalt sa silhouette caractéristique.

A unique ensemble of the New Building Trend was created for the exhibition on the Elbe island „Rotehorn". The Town-amenities Hall, Observation Tower and Horse-Gate still bear witness to it.

With the beginning of the thirties, Magdeburg too, did not remain unaffected by National Socialist ideas. For Ernst Reuter, who had been elected head of the town in 1931, this meant concentration camp and emigration as from 1933; Ernst Barlach's memorial of the soldiers killed in the First World War was banished from the cathedral; Jewish shops and the synagogue were demolished in the „Crystal Night".

As important armament factories were situated in the town the allied air force homed in on Magdeburg sixty times and on January 16th, 1945, one of the most beautiful German towns was reduced to rubble in a large-scale attack.

Today Magdeburg's layout of streets is mainly characterized by new buildings. Generously laid out park areas, trees, flower beds and numerous fountains soften their austere functionalism.

The cathedral, the Our Blessed Ladies Monastery and some parish churches which survived the commotion of history were renovated. They give the federal state capital of Saxony-Anhalt its unmistakable skyline.

entraler Platz nennt man die Grün-
fläche entlang der Ernst-Reuter-
Allee.Daß sich gerade hier Magdeburgs traditionsträchtiges Zentrum
befand, ist heute nicht mehr er-
kennbar. Stolz reckte eben dort
einst die Ulrichskirche ihre Türme
gen Himmel. Als in deren Pfarrhaus

C'est ainsi qu'on appelle l'espace
vert qui longe la Ernst-Reuter-Allee.
Ici justement, était situé le vieux
centre de Madgeburg si riche en
traditions, mais on n'en voit plus rien
aujourd'hui. Voilà l'endroit où autrefois, la Ulrichskirche élevait ses tours
majesteuses vers le ciel.

Central Square is the name of the
park area along Ernst-Reuter-Allee.
One can no longer make out that
this very place used to be Magdeburg's traditional centre.
There, the towers of St. Ulrich's
Church used to loom proudly up
into the sky. When the „Magdeburg

Zentraler Platz

Place centrale

Central Square

die „Magdeburger Centurien" – das
wohl wichtigste Werk des Reforma-
tionszeitalters – unter Feder führung
von Matthias Flacius zusammenge-
stellt worden waren, ließ dies die
Gelehrten Europas aufhorchen.

Lorsque, dans le presbytère de
cette église furent établis, sous la
direction de Matthias Flacius, les
„Magdeburger Centurien" – sans
doute l'œuvre la plus importante de
l'époque de la Réforme – cela
éveilla l'intérêt dessavants de
l'Europe.

Centuries" — probably the most
important work of the Reformation
era – had been compiled in its
parsonage under the auspices of
Matthias Flacius, this made the
learned men sit up and take notice.

agdeburgs Panorama ist jahrhundertelang von Holzschneidern, Kupferstechern, Malern und Fotografen porträtiert worden. Und es war natürlich M. Merian, der für uns Nachgeborene festhielt, wie die Elbestadt vor dem 10. Mai 1631 ausgesehen hat. Kann der Besucher, wenn er von Osten her kommt, heute keine dreißig Kirchtürme mehr zählen, so ist die Kulisse der altehrwürdigen Stadt nach wie vor imponierend.

Pendant des siècles, xylographes, graveurs sur cuivre, peintres et photographes ont fait le portrait du panorama de Magdebourg. Et ce fut Matthäus Merian, bien sûr, qui a conservé pour la postérité, donc pour nous, l'aspect de la Ville sur l'Elbe tel qu'il était avant le 10 mai 1631. Même si le visiteur, venant de l'est, compte moins de trente clochers aujourd'hui, le profil de cette vieille ville vénérable reste toujours impressionnant.

Over centuries, wood and copper-plate engravers, painters as well as photographers took a portrait of Magdeburg's panorama. It was M. Merian who captured for us, the later generations, what the town on the Elbe looked like before May 10th, 1631.
Although the visitor, when coming from the east, can no longer count thirty church towers, the scenery of the time-honoured town is still impressive.

Blick vom Ostufer der Elbe   Vue de la rive droite de l'Elbe

View from the easter shore

Doktor Eisenbarth

Rund um den Alten Markt erzählen Denkmale Stadtgeschichte. So sind neben dem Reiterstandbild auch Doktor Eisenbarth, Otto von Guericke und Till Eulenspiegel zu finden.

Otto von Guericke

Autour du Alter Markt , des monuments racontent l'histoire de la ville. A côté de la statue équestre, on trouve donc aussi Eisenbarth, Otto von Guericke et Till Eulenspiegel.

Till Eulenspiegel

Around the Old Market, monuments tell us about the town's history. Thus, besides the equestrian statue, Eisenbarth, Otto von Guericke and Till Eulenspiegel can also be found.

Ebenso haben Steinmetze ihre Visitenkarte in Form von Hauszeichen hinterlassen.

Stonemasons equally left their marks in form of house symbols.

De même, les tailleurs de pierre ont laissé leur carte de visite, sous forme d'emblèmes apposés aux maisons.

14   Hauszeichen

Emblèmes de maison

House symbols

Markttreiben   Vie de marché   Market activities   15

16 Regenbogen über St. Johannis   Rainbow over St. Johns   Arc au-dessus de St. Johannis

18 Auf dem Fürstenwall   Sur le Fürstenwall   On the Fürstenwall

Deutschlands erste Promenade schuf Fürst Leopold von Anhalt - Dessau. Nachdem er 1716 zu diesem Zweck den Zwischenraum zweier parallel verlaufender Festungsmauern hatte verfüllen lassen, stiftete König Friedrich Wilhelm Kastanien- und Lindenbäumchen für den „Fürstenwall".

La première promenade de l'Allemagne fut créée par le prince Leopold von Anhalt-Dessau. Après qu'il avait fait remplir, à ces fins, l'espace entre deux remparts parallèles, le roi Frédéric-Guillaume offrit de petits châtaignier et tilleuls à planter sur le „Fürstenwall".

Prince Leopold von Anhalt-Dessau built Germany's first promenade. After he had the empty space between two parallel citadel walls filled for this purpose in 1716, King Frederick William donated small chestnut and lime trees.

Blick auf Dom und Kloster

La cathédrale et le monastère

View of cathedral and monastery

Zum nördlichsten Weinanbauge - biet gehörten die nach Südosten weisenden Elbhänge zu Magdeburg. Hier reifte vor Jahrhunderten ein besonders trockener Tropfen. Jener Tradition folgend, wurde im Oktober 1993 von der Deutschen Weinkönigin am Dom ein Rebstock gepflanzt.

Les côtes de l'Elbe à Magdebourg orientées au sud-est appartenaient au vignoble situé le plus au nord. Ici mûrissait, il y a des siècles, un cru particulièrement sec. Suivant cette tradition, un cep de vigne fut planté à côté de la cathédrale par la Reine du Vin allemande, au mois d'octobre 1993.

The Elbe hills in Magdeburg towards the southeast are part of the northernmost wine-growing region. Centuries ago, a particularly dry wine ripened in this area. Following the tradition, the german Wine Queen planted a vine by the cathedral in October 1993.

tadt am Strom – das bedeutet auch, Magdeburg steht im Zeichen der Wasserrose. Von hier aus kann per Schiff nach Hamburg oder Melnik, Holland oder Polen aufgebrochen werden. Denn mit der Eröffnung des 362 Kilometer

Ville sur le fleuve - cela veut dire aussi que la ville de Magdebourg est située au cœur d'un grand réseau de voies d'eau. D'ici, on peut partir en bateau pour aller à Hambourg ou à Melnik, en Hollande ou en Pologne. Car, depuis 1938, date de l'ouverture du Mittelland -

Town on the river - this also means that Magdeburg is in the sign of the water lily. From here one can set off to Hamburg or Melnik, Holland or Poland by ship. For with the opening of the 362 kilometre-long Mittelland Canal, since 1938 the direction of

An der Elbe

Au bord de l'Elbe

The Elbe

langen Mittellandkanals spielt seit 1938 die Himmelsrichtung des Reisewunsches keine Rolle mehr.

kanal long de 362 kilomètres, on peut voyager dans n'importe quelle direction.

the desired destination has no longer been a matter of importance.

ntlang des Elbufers einen Park zu schaffen, diesen uralten Traum ließen die Magdeburger 1974

Créer un parc qui longe la rive de l'Elbe, ce très vieux rêve, les Magdebourgeois le réalisèrent en 1974.

The age-old dream of laying out a park along the Elbe shore came true for the inhabitants Magdeburg

Der Fährmann (E. Roßdeutscher)

Le batelier

The Ferryman

Wirklichkeit werden. Kriegstrümmer wurden beseitigt, Muttererde angefahren, Grünflächen und Wege angelegt, Bäume, Sträucher und Blumen angepflanzt. Und zum krönenden Abschluß stellten Bildhauer ihre Werke auf.

On enleva les ruines de la Guerre, apporta du terreau, aménagea des espaces verts et des chemins, planta des arbres, des arbuste et des fleurs. Et pour couronner le tout, des sculpteurs y exposèrent leurs œuvres.

in 1974. War debris was cleared away, surface soil was carried up, park areas and paths were laid out, trees, bushes as well as flowers were planted – the highlight being when sculptors erected their works.

Die erste Pfarrkirche Magdeburgs wurde von einer Sturmflut mit sich fortgerissen. So errichtete man ab dem 10. Jahrhundert die Gotteshäuser hoch über der Elbe. Auf der Hügelkette waren sie sicher vor den Fluten des Flusses – vor jenen der Kriege nicht. Nur wenige Kirchen haben daher bis zum heutigen Tag überlebt.

Une forte crue avait emporté la première église paroissiale de Magdebourg. A partir du 10ième siècle, on construisait donc les églises tout en haut des rives de l'Elbe. Sur une chaîne de collines, elles étaient bien à l'abri des ravages du fleuve - non pas de ceux des guerres. C'est pourquoi

Magdeburg's first parish church was swept away by a storm tide. Thus, as from the 10th century, the houses of God were built high above the Elbe. On the chain of hills they were protected against the river floods - but not against those of war.

Sakraler Dreiklang

Triple accord sacré

Ecclesiastical triad

Festungsturm einst, kulturelles Kleinod heute – so präsentiert sich nahe der Elbe die Lukasklause. Eben hier drang am 10. Mai 1631 das kaiserliche Heer unter Führung Tillys in die Stadt ein. Binnen weniger Stunden bot sich ein Bild von Tod und Verwüstung.

quelques-unes seulement de ces églises ont survécu jusqu'à nos jours. Tour de forteresse, joyau culturel aujourd'hui, c'est ainsi que se présente à nos yeux la Lukasklause, située près de l'Elbe.

Once the citadel tower, nowadays a cultural treasure – this is how the Luke's Cell near the Elbe presents itself. Here, the imperial army under Tilly's command invaded the town on May 10th, 1631. Within a few hours, a scene of death and devastation presented itself.

Lukasklause La Lukasklause The Lukasklause 23

in Paradies inmitten der Großstadt stellt die von zwei Elbarmen umschlossene Insel Rotehorn dar. Hier entstand ab 1871 ein Park, in dem Alleen und verschlungene Wege zu Spaziergängen einladen. Bootspartien ermöglicht der Adolf-Mittag-See, aus dessen Wasser sich die Marieninsel erhebt. Zu ihr und dem der Venus geweihten Tempel führen weiße Brücken hinüber.

Un paradis au milieu d'une grande ville, voilà ce que représente Rotehorn, l'île entourée de deux bras de l'Elbe. En 1871, y est né un parc, où des allées et des chemins enlacés invitent à des promenades. On peut se promener en bateau, sur un lac appellé Adolf-Mittag-See, des eaux duquel s'élève la Marieninsel. Des ponts blancs mènent à cette île et au temple dédié à Vénus.

The island of Rotehorn embraced by two Elbe branches is a paradise in the centre of the large city. A park, in which alleys and winding paths invite you for walks, was laid out here as from 1871. The Adolf-Mittag-Lake from whose waters the Mary Island rises, makes boat excursions possible. White bridges lead to the island and the temple consecrated to Venus.

Park Rotehorn mit Marieninsel   Le parc Rotehorn

Park Rotehorn with Mary Island

um Wahrzeichen Magdeburgs sind die weithin sichtbaren, gut hundert Meter gen Himmel ragenden Türme des Doms geworden.

Da die von Otto dem Großen gestiftete Metropolitankirche 1207 bei einem Großfeuer beträchtlichen Schaden erlitten hatte, faßte Erzbischof Albrecht von Käfernburg den Entschluß, an gleicher Stelle eine neue Kathedrale errichten zu lassen. Dies in jenem Stil, den er in Frankreich kennengelernt hatte. Und so entstand fernab von Paris der erste gotische Dom Deutschlands.

Bereits 1210 waren die Pfeiler des Hohen Chores aufgerichtet, und Steinmetze gingen daran, die Kapitelle des Chorumgangs in ein einzigartiges Bilderbuch zu verwandeln. Erst im Jahre 1986 gelang es, diesen geheimnisvollen Skulpturenfries als Illustration zum alttestamentarischen Danielbuch zu entschlüsseln.

Kann im Chorumgang noch ein Hauch Spätromanik nachempfunden werden, so bricht sich im Obergeschoß die Gotik ihre Bahn. Der sogenannte Bischofsgang wurde ab 1230 von Baumeistern geschaffen, die in der Tradition der Zisterzienserklöster von Maulbronn und Walkenried standen.

Ab 1240 konnte das Querschiff in Angriff genommen werden, dessen Fenster an der Nord- wie Südseite Einflüsse von St. Nicaise in Reims aufweisen.

Symbole de Magdebourg visible de loin, les tours de la cathédrale s'élèvent vers le ciel, à une hauteur de plus de cent mètres.

Comme, en 1207, l'église métropolitaine offerte par Otton le Grand fut endommagée considérablement par un grand incendie, l'archevêque Albrecht von Käfernburg pris la décision de faire construire une nouvelle cathédrale au même endroit. Et cela, dans le style qu'il avait connu en France. Et ainsi est née, loin de Paris, la première cathédrale gothique de l'Allemagne. Dès 1210, les piliers du „grand chœur" furent érigés, et les tailleurs de pierre se mirent à transformer les chapiteaux du déambulatoire en un livre d'images unique en son genre. Ce n'est qu'en 1986 qu'on réussit à déchiffrer les sculptures mystérieuses de cette frise comme étant l'illustration du livre de Daniel de l'Ancien Testament. Si on sent encore les traces du style roman au déambulatoire, le style gothique s'impose à l'étage supérieur. Cette galerie dite Bischofsgang fut créée à partir de 1230, par des architectes qui suivaient la tradition des monastères cisterciens de Maulbronn et Walkenried.

A partir de 1240, on put attaquer le transept, dont les fenêtres, du côté nord ainsi que du côté sud, témoignent de l'influence de St. Nicaise à Reims.

The cathedral towers which are visible from a long distance and loom more than a hundred metres up into the sky have become Magdeburg's landmark.

As the Metropolitan Church donated by Otto the Great was considerably damaged in a large fire in 1207, Archbishop Albrecht von Käfernburg decided to have a new cathedral built at the same place and in the style that he had acquainted himself with in France. Thus, far away from Paris, the first Gothic cathedral of Germany was constructed.

As early as in 1210, the pillars of the High Choir were erected and stonemasons set about turning the capital of the choir passage into a unique picture book. Not until the year 1986 did one succeed in deciphering this mysterious sculpture frieze as the illustration to the Old Testament Book of the Prophet Daniel.

A trace of the late Romanesque style can still be felt in the choir passage, but on the upper storey the Gothic style wins through. The so-called Bishop's Passage was constructed as from 1230 by architects who were in the tradition of the Cistercian monasteries of Maulbronn and Walkenried.

As from 1240, the transept could be embarked upon, whose windows to the north as well as to the south side possess features of St. Nicaise in Reims.

Als 1250 das Gewölbe des Chores geschlossen werden konnte, begann ab 1274 das Langhaus emporzuwachsen. Nachdem die drei Langschiffe mit ihren lichthellen, hohen gotischen Fenstern um 1327 fertiggestellt waren, stand der Domweihe nichts mehr im Wege. Doch erfolgte jene erst im Jahre 1363.

En 1250, on put fermer la voûte du chœur, pour commencer, en 1274, à ériger la grande nef. Lorsque, vers 1327, on avait achevé les trois nefs, avec leurs hautes fenêtres gothiques pleines de lumière, rien ne s'opposait plus à la consécration de la cathédrale. Pourtant, celle-ci n'eut lieu qu'en 1363. Toutefois, la cathédrale manquait

When the vault of the choir could be closed in 1250, the long nave began to rise as from 1274. After the three long naves with their light, high Gothic windows were completed around 1327, there was nothing to prevent the cathe-dral's consecration. At that time, however, the cathedral towers were still missing. Their construction was

Domturmspitzen

Flèches de la cathédrale.

Cathedral spires

Damals allerdings fehlten noch die Domtürme. Deren Bau galt als vollendet, als ihnen 1520 die krabbenbesetzten, pyramidalen Hauben aufgesetzt wurden. Dreihundertelf Jahre waren seit der Grundsteinlegung vergangen.

encore de tours, à cette époque-là. La construction de ces dernières fut considérée comme achevée, en 1520, losqu'elles avaient été coiffées de deux calottes pyramidales garnies de rochets. Trois cent onze années s'étaient alors écoulées depuis la pose de la première pierre.

regarded as having been completed when the pyramidal cupolas set with crabs were mounted in 1520. Three hundred years had been passed since the beginning. Three hundred and eleven years passed since the foundation stone had been laid.

Als am 22. Oktober 1363 der Magdeburger Dom seine Weihe erhielt, wurde er dem Schutz des Hl. Mauritius und der Hl. Katharina anempfohlen. Erzbischof Dietrich, der auf Betreiben Kaiser Karls IV. in Magdeburg inthronisiert worden war, zelebrierte die Heilige Messe. Dietrich ist auch der Stifter des heute noch verwendeten Hochaltars, dessen rötliche – über hundert Zentner wiegende – Mamorplatte er aus Böhmen herbeischaffen ließ.

Lorsque, le 22 octobre 1363, la cathédrale de Magdebourg reçut sa consécration, elle fut mise sous la protection de St. Maurice et de Ste. Catherine. La messe inaugurale fut célébrée par l'archevêque Dietrich, intronisé à Magdebourg à l'instigation de l'Empereur Charles IV. Dietrich fut aussi le donateur du maître-autel utilisé encore de nos jours, dont il avait fait venir de Bohême la plaque de marbre rougeâtre, pesant plus de 5.000 kilogrammes.

When the Magdeburg cathedral was consecrated on October 22nd, 1363, it was placed under the patronage of St. Mauritius and St. Catherine. Archbishop Dietrich, who had been enthroned in Magdeburg at Emperor Charles IV.'s instigation, celebrated the Mass. Dietrich was also the donator of the high altar that is still used today, and he had its reddish marble slab – weighing more than 5.000 kg – especially brought from Bohemia.

Im Dom   Dans la cathédrale

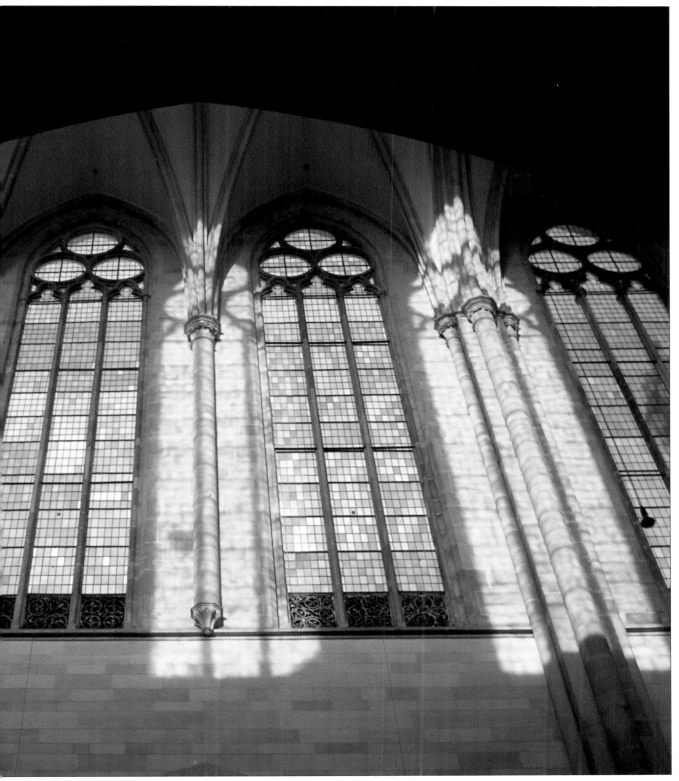

In the cathedral

Auch Originalstücke des Vorgängerbaus haben Einlaß in den gotischen Dom gefunden. So die farbigen Säulen im Hohen Chor, die Otto I. hatte aus Italien nach Magdeburg bringen lassen; das aus Rosenporphyr geschlagene Taufbecken; die Osterlichtsäule; die bronzenen Grabplatten der Erzbischöfe Friedrich von Wettin und Wichmann von Seeburg.

Il y a aussi des pièces originales prises de l'édifice antérieur, qui furent admises dans la cathédrale gothique. Par exemple, les colonnes colorées du grand chœur, que l'Empereur Otton Ier avait fait apporter d'Italie; les fonts baptismaux taillés de porphyre; les chandeliers pascaux; les dalles funéraires en bronze des archevêques Friedrich von Wettin et Wichmann von Seeburg.

Original pieces from the previous building were also admitted to the Gothic cathedral, such as the coloured columns in the High Choir, which had been brought to Magdeburg from Italy upon Otto I.'s request; the font cut from rose porphyry; the Easter Light Column and the bronze ledgers of the Archbishops Friedrich von Wettin and Wichmann von Seeburg.

Kruzifix von J. Weber

Crucifix de J. Weber

Crucifix by J. Weber

Den Höhepunkt der Kostbarkeiten aus dem ottonischen Dom stellt die Grablege des Kaisers und Begründers des Heiligen Römischen Reiches Deutscher Nation dar. Sie befindet sich im Zentrum des Hohen Chores und wird von einer antiken Marmorplatte bedeckt.

Le plus précieux de tous ces objets d'art de la cathédrale, c'est le tombeau de l'Empereur fondateur du Saint Empire romain germanique. Il se trouve au centre du grand chœur et est couvert d'une plaque de marbre antique.

The highlight of the treasuries from the Ottonic cathedral is the Emperor's grave, the founder of the Holy Roman Empire of the German Nation. It can be found in the centre of the High Choir and is covered by an antique marble slab.

Das reich verzierte Grabmal Edithas – Ottos des Großen erster Gemahlin – wurde Ende des 15. Jahrhunderts neu gestaltet. Es hat seinen Platz in der Scheitelkapelle des Chorumgangs gefunden. Da die Liebenden getrennt wurden, obwohl es ihr Wunsch gewesen war, Seite an Seite zu liegen, haben die Magdeburger das um 1250 geschaffene gekrönte Paar in der sechzehn-

Le tombeau d'Editha, première épouse d'Otton le Grand, reçut une nouvelle forme vers la fin du 15e siècle. Il a trouvé sa place dans la chapelle située le plus à l'est du déambulatoire. Comme on avait séparé les amants malgré leur volonté de reposer l'un à côté de l'autre, les Magdebourgeois déclarèrent que Otton et Editha étaient représentés par le couple

Editha's richly-adorned grave – Otto the Great's first wife – was redecorated at the end of the 15th century. It has found its place in the eastern chapel of the passage around the choir. As the loving couple was separated, although they had wished to lie side by side, the Magdeburg people declared the crowned couple created around 1250 and depicted in the sixteen-

Heilig-Grab-Kapelle

Chapelle Saint tombeau

Holy Grave Chapel

eckigen Heilig-Grab-Kapelle zu Otto und Editha erklärt. Gleichfalls zu den Berühmtheiten des Domes gehören die Klugen wie Törichten Jungfrauen und das aus Eichenholz geschnittene Ehrenmal zum Gedenken an die Gefallenen des Ersten Weltkrieges von Ernst Barlach.

couronné créé vers 1250, qu'on trouve dans la chapelle à seize angles appelée „Chapelle Saint tombeau". Parmi les célébrités de la cathédrale, comptent également les vierges sottes et les vierges sensées, ainsi que le monument sculpté sur bois de chêne par Ernst Barlach en commémoration des morts de la Première Guerre mondiale.

angular „Holy Grave Chapel" to be Otto and Editha. Further famous persons in the cathedral are the Wise and the Silly Virgins and the memorial in remembrance of the fallen soldiers of the First World War carved in oakwood by Ernst Barlach.

32   Hl. Katharina   Ste. Catherine   St. Catherine

Törichte Jungfrauen   Vierges sottes   The Silly Virgins

m Sommer – zu gegebener Stunde – weist der Schatten der Magdeburger Kathedrale genau auf jene Stelle des weitläufigen Domplatzes, wo sich, etwa zwei Meter unter der Erdoberfläche, Mauerreste der legendären Kaiserpfalz befinden. Erst in den 60er Jahren – 1000 Jahre nach der Krönungszeremonie Ottos des Großen – sind sie entdeckt, ausgegraben, dann allerdings wieder zugeschüttet worden.

L'ombre de la cathédrale de Magdebourg tombe – en été, à une certaine heure donnée – juste sur ce vaste „Domplatz" où, à deux mètres sous terre, se trouvent les restes des murailles du château impérial légendaire. Ce n'est que dans les années 60 – 1000 ans après la cérémonie du sacre d'Otton le Grand – qu'on les a découverts et fouillés, pour les recouvrir par la suite.

In summer, at a given hour, the shadow of the Magdeburg Cathedral points exactly to that place of the spacious Cathedral Square where, about two metres below the earth's surface, wall remnants of the legendary imperial palace are located. Not until in the sixties – 1,000 years after the coronation ceremony for Otto the Great – were they discovered, excavated and then, however, filled again.

Blick auf den Domplatz   Vue du Domplatz

View of Cathedral square

Der Domplatz – einst der Neue Markt geheißen – gehört zum ältesten Siedlungsgebiet der Stadt. Bereits in karolingischer Zeit erhob sich hier ein Kastell. Die Palais entlang der Nord – wie Ostflanke wurden in jener Epoche errichtet, als Fürst Leopold von Anhalt- Dessau Gouverneur Magdeburgs war und die

Le „Domplatz" – jadis appelé le Nouveau Marché – appartient à la zone où les premiers habitants de la ville s'étaient installés. A l'époque carolingienne déjà, s'élevait un château fort ici. Les palais longeant le flanc nord aussi bien que le flanc est furent érigés à l'époque pendant laquelle le prince Leopold

The Cathedral Square – once called the New Market – is part of the oldest settlement area in the town. As early as in Carolingian times a castellum was situated here.
The palaces along the northern and eastern flank were built in the epoch when Prince Leopold von Anhalt-Dessau used to be governor

Sitz des Landtages

Siège du parlement du land

Seat of the Federal State Parliament

Elbestadt zur stärksten Festung Preußens ausbaute.

von Anhalt-Dessau était gouverneur de Magdebourg et faisait de la ville sur l'Elbe la forteresse la plus résistante de la Prusse.

of Magdeburg who made the town on the Elbe the strongest fortress of Prussia.

Is steinerne Zeugen können die Barockbauten des Domplatzes manch Geschichte erzählen. So begegneten sich vor dem Haus Nr. 4 Friedrich der Große und der Dichter Klopstock; das Haus Nr. 5 beherbergte einst Magdeburgs erstes Museum und vom Balkon des Regierungsgebäudes (Nr. 2/3)

Les édifices baroques du Domplatz, témoins en pierre, pourraient raconter bien des histoires. Devant la maison no. 4, par exemple, se rencontrèrent Frédéric le Grand et le poète Kloppstock; dans la maison no. 5 se trouvait jadis le premier musée de Magdebourg, et c'est du balcon du siège gouvernemen-

The baroque buildings of the Cathedral Square could, as stone witnesses, tell us many a story. Thus, Frederick the Great and the poet Klopstock met in front of the house no. 4; the house no. 5 once used to accommodate Magdeburg's first museum, and in November 1918, the republic was procla-

Barocke Eleganz

Elégance baroque

Baroque elegance

wurde im November 1918 die Republik ausgerufen.

tal (no.2/3) que fut proclamée la République, au mois de novembre 1918.

mated from the balcony of the government building (no. 2/3).

Itestes Bauwerk Magdeburgs ist das Kloster Unser Lieben Frauen. Sein Ursprung geht auf das von Erzbischof Gero im Dezember 1015 gegründete Kollegiatstift Beatae Virginis Mariae zurück. Als dessen Kirche infolge eines Unwetters Schäden aufwies, faßte um 1070 Erzbischof Werner den Entschluß, selbige abzureißen und im neuen Gewande wieder erstehen zu lassen.

Die Bauarbeiten an St. Marien jedoch gerieten ins Stocken. Erst unter Erzbischof Norbert wurden sie fortgesetzt, und dies nicht ohne Grund. Denn Norbert – Begründer des Prämonstratenserordens – brauchte für seine im Jahre 1120 gegründete Gemeinschaft auch im Osten des Reiches ein festes Domizil. So wandelte er 1129 das Kollegiatstift zum Mutterkloster seines Ordens um. Die Vollendung der Marienkirche indes ließ bis Ende des 12. Jahrhunderts auf sich warten. Ab 1207 kam St. Marien zu hohen Ehren. Da der Dom am Karfreitag 1207 ausgebrannt war, erhob Erzbischof Albrecht von Käfernburg die Klosterkirche zur Kathedrale.

Um der unvorhersehbaren Würde das nunmehr zu Gebote stehende steinerne Gewand zu verleihen, ließ der von der Gotik faszinierte Albrecht das Innere der Basilika mit jenen in Frankreich kennengelernten Stilelementen einwölben. Damit stellt die Marienkirche nicht nur ein Prunkstück der Romanik dar,

Le monastère Unser Lieben Frauen est l'édifice le plus vieux de Magdebourg. Son origine remonte à l'époque du couvent collégial Beatae Virginis Mariae, fondé en décembre 1015 par l'archevêque Gero. Comme l'église de ce couvent avait été endommagée par une tempête, vers 1070, l'archevêque Werner prit la décision de la faire démolir et reconstruire sous une nouvelle forme.

Mais les travaux de construction de la Marienkirche s'arrêtèrent. Ce n'est que sous l'archevêque Norbert qu'on les continua, par de bonnes raisons d'ailleurs. Car Norbert – fondateur de l'ordre des prémontrés – avait besoin d'un domicile fixe, dans l'Est de l'Empire, pour sa communauté fondée en 1120. En 1129, il transforma donc le couvent collégial en maison mère de son ordre. L'achèvement de la Marienkirche se fit attendre jusqu'à la fin du 12e siècle. A partir de 1207, la Marienkirche a obtenu de grands honneurs. Vu que le Vendredi saint 1207, l'intérieur de la cathédrale avait été détruit par un incendie, l'église du monastère fut érigée en cathédrale par l'archevêque Albrecht de Käfernburg.

Pour donner à l'église un aspect digne de cette gloire inattendue, Albrecht, fasciné par le style gothique, fit revêtir l'intérieur de la basilique de ces voûtes qu'il avait connues en France. La Marienkirche n'est donc pas seulement un édifice magnifique de l´époque romane,

The monastery Unser Lieben Frauen is Magdeburg's oldest building. Its origin goes back to the collegiate foundation Beatae Virginis Mariae established by Archbishop Gero in December 1015. When its church showed damage as aconsequence of a thunderstorm, around 1070, Archbishop Werner made the decision to demolish it and to have it rebuilt and adorned in new robes. The building works for St. Mary's, however, came to a standstill. They were not continued until under Archbishop Norbert – and this with reason. Norbert – founder of the Premonstratensian order - needed a fixed domicile for his community founded in 1120 also in the east of the empire. Thus, he changed the collegiate foundation into his religious order's mother monastery in 1129.

As from 1207, St. Mary's attained great honours. As the cathedral had burnt out on Good Friday 1207, Archbishop Albrecht von Käfernburg declared the church of the monastery to be promoted to cathedral status. In order to give the basilica the due stone exterior in accordance with its unforeseeable dignity, Albrecht, who was fascinated by the Gothic style, had its interior designed with elements of the style that he had got to know in France. Thereby, St. Mary's Church does not only constitute a showpiece of the Romanesque style,

Kloster Unser Lieben Frauen   Monastère Unser Lieben Frauen   Monastery Unser Lieben Frauen

sondern ist gleichermaßen eine der ersten gotischen Kirchen Deutschlands.

Seit 1974 ist das Kloster Unser Lieben Frauen Domizil der Musen.

Der Marienkirche kommt dabei die Rolle einer Konzerthalle zu. Und zur imposanten Ausstellungkulisse ward das architektonische Kleinod des Klosterensembles – drei übereinan-

mais également l'une des premières églises gothiques de l'Allemagne.

Depuis 1974, le couvent Unser Lieben Frauen sert de domicile au muses.

Ainsi, la Marienkirche est utilisée comme salle de concert. Et le cadre imposant des expositions est formé par trois voûtes en berceau superposées - le joyau architectural

but is equally one of the first Gothic churches in Germany.The monastery Unser Lieben Frauen has been the abode of the Muses since 1974. St. Mary's Church hereby assumes the role of a concert hall. The architectonic treasure of the monasterial ensemble - three barrel vaults lying on top of each other - have become an imposing scenery

Tonsur

Tonsur

Tonsure

derliegende Tonnengewölbe.

Ins Schwärmen geriet ein Kenner sakraler Bauwerke, als er Mitte des vergangenen Jahrhunderts in das gleichmäßige Geviert des Klosterkreuzganges trat. Er bewunderte die Schönheit diese Anlage, „die in Deutschland nirgends ihresgleichen

de cet ensemble conventuel. Au milieu du siècle passé, un connaisseur d'édifices religieux fut saisi d'enthousiasme, en entrant dans le carré régulier du cloître. Il admira a beauté de cette construction, „qui doit être sans égale en Alle - magne et évoque plutôt le souvenir

for exhibitions. A connoisseur of ecclesiastical buildings became enthusiastic when he entered the symmetrical square of the monastery's cloister in the middle of the last century.

haben dürfte und eher an mär-
chenhafte Anlagen des Südens
oder Orients erinnert". Alles in allem
– Geschehnisse von nahezu tau-
send Jahren hat das Kloster Unser
Lieben Frauen miterlebt.

des constructions fééríques du Sud
ou de l'Orient".
Somme toute, le couvent Unser Lieben Frauen a vécu les événements
de près de mille ans.

He admired the beauty of this construction „which is supposed to
have no equal anywhere in Germany and rather reminds one of
fairy-tale constructions of the south
or the Orient".

Kreuzgang

So man es heute betrachtet, steht
es da – herausgelöst aus seiner ur-
sprünglichen, angestammten Welt –
als wolle sein Gemäuer die Geschichte des Abendlandes für die
Nachgeborenen festhalten. Und
dies mit der Geduld der Steine.

Cloître

A le regarder aujourd'hui – détaché
du monde héréditaire de son origine –, on dirait que ses murailles
tâchent de conserver l'histoire de
l'Occident pour la postérit.

Cloister

Whenever you look at it today, it
stands – detached from its original,
traditional world – as if its walls
wanted to capture the history of the
Occident for future generations.
And this with the patience of stones.

Seit Jahrhunderten ist der Breite Weg Magdeburgs Magistrale. Hätte es für ihn ein Gästebuch gegeben, es stünden so klangvolle Namen wie Kaiser Karl IV., Königin Luise, Napoleon Bonaparte, Franz Liszt, Erika und Klaus Mann, Ernst Barlach, Joseph Roth und Willy Brandt darin. Sowohl 1631 als auch 1945 blieben von dieser an Historie überreichen Straße nur Ruinen und Erinnerungen. Von der einstigen Pracht ist kaum noch etwas erhalten.

Le „Breiter Weg" est la ligne magistrale de la ville de Magdebourg depuis des siècles. S'il y avait eu un livre d'hôtes, on y trouverait des noms célèbres, tels que celui de l'Empereur Charles IV, de la reine Louise, de Napoléon Bonaparte, de Franz Liszt, d'Erika et Klaus Mann, d'Ernst Barlach, de Joseph Roth et de Willy Brandt. En 1631 aussi bien qu'en 1945, il n'en est resté que des ruines et des souvenirs. De la splendeur de jadis, on n'en voit presque plus rien.

The „Breiter Weg" has been Magdeburg's main road for centuries. If there had been a visitor's book for it, fine-sounding names such as those of Emperor Charles IV., Queen Luise, Napoleon Bonaparte, Franz Liszt, Erika and Klaus Mann, Ernst Barlach, Joseph Roth and Willy Brandt could be found there. In 1631 as well as in 1945, only ruins and memories were left of this street abounding in history.

Auf dem Breiten Weg   Au Breiter Weg

Der Hasselbachplatz stellt den architektonischen Höhepunkt der 1871 begonnenen südlichen Stadterweiterung dar. Fünf Straßen münden in ihn ein - auch der Breite Weg. Dieser Verkehrsknotenpunkt hieß einst schlicht „Gabelung", da sich hier die 1877 in Betrieb genommene

Le Hasselbachplatz représente le point culminant architectural de l'élargissement sud de la ville, commencé en 1871. Cinq rues y concourent, dont le „Breiter Weg". Autrefois, ce carrefour portait le nom simple de „Gabelung", bifurcation de la ligne de tramway à

The Hasselbachplatz constitutes the architectonic climax of the town's expansion towards the south started in 1871. Five streets converge on it - also the „Breiter Weg". This traffic intersection once used to be simply called „Gabelung" (furcation) as the horse tram line put

Hasselbachplatz

Pferde-Straßenbahnlinie aufspaltete. Seit 1890 trägt der Platz den Namen des 1882 verstorbenen Oberbürgermeisters C. G. F. Hasselbach. Da es ihm immer wieder gelungen war, Finanzmittel für seine Stadterweiterung zu erwirken, hieß es alsbald, er sei der „Erfinder der Geldpumpe ".

chevaux, qu'on avait mise en service en 1877. Depuis 1890, cette place porte le nom de son bourgmestre C. G. F. Hasselbach. Comme ce dernier réussissait toujours à obtenir des moyens financiers pour l'élargissement de sa ville, on l'appela bientôt „l'inventeur de pompe à argent".

into service in 1877 divided here. Since 1890, the square has been carrying the name of the Lord Mayor C. G. F. Hasselbach deceased in 1882. He is said to have been the „inventor of the money pump".

Breiter Weg – Barockhäuser   Breiter Weg – maisons baroques   Breiter Weg – Baroque buildings

46   Plastik von H. Apel   Sculpture de H. Apel   Sculpture by H.Apel

Telemann und die 4 Temperamente   Telemann et les 4 tempéraments   Telemannn and 4 temperaments   47

48   Hauptbahnhof   Gare centrale   Main station

er Hauptbahnhof wurde im Stil eines toskanischen Renaissance- palazzos errichtet.
Da durch Magdeburg seit dem 29. Juni 1839 Züge rollen, gehört die „ Stadt der Mitte" zu den Pionier - stationen deutscher Eisenbahnge- schichte.

La gare centrale fut constuite dans le style d'un palais toscan de la Renaissance. Comme, depuis le 29 juin 1839, des trains passent par la ville de Magdebourg, cette „ville du centre" compte parmi les stations pionnières de l'histoire des Chemins de fer allemands. Pour reprendre

The main station was built in the style of a Tuscan Renaissance Palazzo.
As trains have gone through Magdeburg since June 29th, 1839, the „Town of the Centre" belongs to the pioneer stations of German

Die vernünftige Art zu reisen. Bahn fahren !

In der Bahnhofshalle

Diesen Traditionsfaden wieder aufnehmend, wurde die Elbestadt nach dem Fall der Mauer in das IC/ICE-Netz eingebunden.

Dans le hall de la gare

le fil de cette tradition après la chute du Mur, on a intégré la ville sur l'Elbe dans le réseau des trains à grande vitesse.

In the station hall

railway history. Resuming this traditional thread, the town on the Elbe was integrated into the IC/ICE network after the fall of the Wall.

in Meisterwerk der Technik stellt das Schiffshebewerk dar. Obwohl seit Inbetriebnahme ein halbes Jahrhundert vergangen ist, bietet sich hier dem Besucher ein Schauspiel besonderer Art - Schiffe überwinden mittels eines Troges 18,50 Meter Höhenunterschied.

Un chef-d'œuvre de la technique, l'élévateur pour bateaux. Bienque, depuis sa mise en service, soit écoulée la moitié d'un siècle, le visiteur peut y admirer un spectacle qu'on ne voit pas tous les jours - des bateaux vainquant l'obstacle d'une différence de niveau de 18,50 m.

The ship canal lift is a masterpiece of technology. Although half a century has passed since it was put into operation, the visitor is offered an extraordinary spectacle - ships use a „lift". Ships overcome differences in level of 18.50 metres in a container.

Schiffshebewerk

Elévateur pour bateaux

Ship canal lift

Magdeburgs Häfen verbreiten einen Hauch von Fernweh . Zwar berichten alte Chroniken, daß Kaiser Karl der Große bereits mit einer Flotte elbaufwärts kam, einen richtig ausgebauten Handelshafen indes gibt es erst seit 1893.
Und am 1000 Meter langen wie 68 Meter breiten Hafenbecken wurde alsbald Seemannsgarn gesponnen.

Les ports de Magdebourg évoquent une légère nostalgie des pays lointains. Les vieilles chroniques nous racontent bien que l'Empereur Charlemagne avait déjà monté l'Elbe avec une grande flotte, mais ce n'est que depuis 1893 qu'il y a un port de commerce bien aménagé. Et au bord de ce bassin long de 1000 et large de 68 mètres, on se raconte souvent des histoires de marin.

The yearning for faraway places is spread by Magdeburg's ports. Although old chronicles report that even Emperor Charles the Great came up the Elbe with a large fleet, a completely developed commercial port has only existed since 1893. The 1,000-metre-long and 68-metre-wide harbour basinsoon became the place to retell sailers´ yarns.

Im Hafen   Dans le port   In the port   51

Sankt Sebastian geht auf ein 1015 gegründetes Kollegiatstift zurück. Bei Großfeuern stark in Mitleidenschaft gezogen, wurde die einstige romanische Basilika 1513 als gotische Hallenkirche neu geweiht.

Ab 1573 predigte von deren Kanzel Sonntag für Sonntag der Universalgelehrte Georg Rollenhagen. Wortgewandt wußte er den Magdeburgern aus biblischen Zeiten zu berichten.

Heute geben über das frühe kirchliche Leben der Elbestadt die Reliefs des Chorgestühls Auskunft.

L'église de St. Sebastien remonte à un couvent collégial fondé en 1015. Endommagée considérablement par un grand incendie, cette ancienne basilique romane fut transformée en église en forme de hall, consacrée en 1513. A partir de 1573, le savant universel Georg Rollenhagen y montait en chaire tous les dimanches, pour prêcher. Avec une grande éloquence, il expliquait l'Histoire sainte aux Magdebourgeois. Aujourd'hui encore, les reliefs des stalles nous renseignent sur l'ancienne vie spirituelle de Madgebourg.

Saint Sebastian goes back to a collegiate foundation established in 1015. As the formerly Romanesque basilica was considerably damaged in large fires, it was newly consecrated as a Gothic hall church in 1513. As from 1573, the polymath Georg Rollenhagen preached from its pulpit Sunday after Sunday. He knew how to eloquently tell the Magdeburg people about biblical times.

Nowadys, the reliefs of the choir stalls bear witness to the early religous life in the town on the Elbe.

52   Detail der Eingangspforte   Détail du portail d'entrée   Detail of the entrance gate

St. Sebastian   St. Sébastian   St.Sebastian   53

om Balkon Magdeburgs - der fast 260 Meter langen Strombrücke - einen Blick zu werfen, lohnt zur Tages- wie Nachtzeit. Von hier aus präsentiert sich die Stadt, die im Jahre 2005 ihr 1200- jähriges Jubiläum feiern wird, wie eine von Geheimnissen umwitterte Schönheit.

Du balcon de Magdebourg - ce pont sur le fleuve, long de près de 260 mètres - il vaut bien la peine de jeter un regard sur la ville, que ce soit de jour ou de nuit. Vue d'ici, cette ville qui, en 2005, fêtera ses 1200 années, se présente à nos yeux comme une beauté toute entourée de mystères.

At day- and night-time, it is worthwhile casting a view from Magdeburg's balcony - the almost 260-metre-long bridge across the river. From here, the town, which will celebrate its 1200 years' anniversary in the year 2005, presents itself like a beauty surrounded by mystery.

54

Im Abendlicht   A la lumiere du soir

In the evening light

Fotonachweise

Hans - Joachim Krenzke:
Titel, Seiten 11, 15 , 16/17, 20, 21 27,
28/29, 32, 34/35, 37, 39, 41, 44, 45,
46, 47, 48, 52, 53

Rüdiger Lubricht:
Seiten 5, 30, 31,40

Torsten Krüger:
Seiten 8/9, 12/13, 14, 18, 19, 22, 23,
24/25, 36, 42/43, 49, 50, 51, 55

Werner Klapper:
Seite 33

Hans - Joachim Krenzke

– 1946 in Magdeburg geboren –
ist seit Jahren bemüht, auf die
Schönheiten wie Besonderheiten
der auf den ersten Blick spröde
erscheinenden Elbestadt hinzu-
weisen. Dies per Diavortrag, Rund-
funksendung, Zeitungsartikel und
mittels Erzählungen wie Bildbän-
den.

Französische Übersetzung:
Anke Monnerjahn

Englische Übersetzung:
Nicole-Denise Kadach

Hinweis zu den Plastiken

S. 14 oben (v.l.n.r.):
F. v. Grävenitz, C.Echtermeier,
H. Apel
S. 47 : E. Roßdeutscher

Impressum

© 1994 by Verlag Atelier im
Bauernhaus   28870 Fischerhude
Layout : W.-D. Stock
Satz: Atelier im Bauernhaus
Druck: Zertani, Bremen
ISBN 3 - 88 132 189 - 6